Couverture supérieure manquante

RIOM (PUY-DE-DÔME)
IMPRIMERIE TYPOGRAPHIQUE F. FONFRAID

GAMBETTA

PAR

Emile CORRA

———

PRIX : 1 fr. 50

———

PARIS

REVUE POSITIVISTE INTERNATIONALE

Rue de Seine, 54

—

1917

GAMBETTA[1]

Avec Vercingétorix, avec Sainte Geneviève, avec Charlemagne, avec Philippe-Auguste, avec Jeanne d'Arc, avec Danton, Gambetta constitue la grande lignée de ceux en qui l'âme héroïque de la Patrie française s'est incarnée aux heures tragiques de notre histoire ; il convient d'autant plus d'évoquer sa mémoire dans les épreuves solennelles que nous subissons, que ces épreuves sont en étroite relation avec celles que son génie a dominées.

---

(1) Commémoration célébrée, au siège de la Société positiviste, à Paris, le 18 juillet 1915.

I

Nature propre et éducation de Gambetta

Gambetta (Léon-Michel), naquit à Cahors, le 2 avril 1838.

Son père était d'origine génoise et descendait d'une famille de navigateurs ; il avait lui-même couru les mers avant de se marier, en 1837, à la fille d'un pharmacien de Cahors, ville où son père lui avait laissé un fonds de commerce florissant de faïence et d'épicerie, avant son retour en Italie.

C'était un esprit avisé, un homme de bon conseil, dont Gambetta prisa toujours très fort les jugements ; il s'occupa très soigneusement de l'éducation de son fils, bien que, tout d'abord, il le destinât simplement à prendre sa succession commerciale.

Il paraît avoir exercé une réelle influence sur la formation et la direction de son esprit, tandis que sa mère forma son cœur.

Gambetta se félicita plus tard, « d'avoir trouvé en ses parents, des amis et des pareils, des égaux et non des despotes irrationnels » (1) ; il se flattait d'avoir reçu, « avec plus de largesse et de prodigalité que pas un », l'éducation du cœur. (2)

---

(1) In. GAMBETTA PAR GAMBETTA, *lettres intimes et souvenirs de famille*, publiées par Paul Gheusi, Ollendorff, éditeur. Lettre à son père, du 9 juin 1857.

(2) Lettre à son père, du 28 décembre 1857.

« Je suis plus riche de mes parents que tant d'autres de leurs revenus », disait-il. (1)

Gambetta fit ses premières études au Petit-Séminaire de Montfaucon (1847-1851), puis au Lycée de Cahors (1851-1857).

Enfant, il avait une intelligence vive, un caractère assez indépendant et surtout une nature très affectueuse ; il nourrissait pour sa mère, pour son père, pour sa tante et pour tous les siens, des sentiments très tendres qui, d'ailleurs, ne s'attiédirent jamais et dont la manifestation est incessante dans l'autobiographie de M. Gheusi, à laquelle j'aurai souvent recours.

Au lycée, il se distingua par son goût pour les études historiques, pour la dissertation latine ou française. Démosthènes l'enthousiasmait ; il apprenait ses harangues par cœur. Il faisait l'école buissonnière au Palais de Justice.

Il aimait la nature, la poésie, la peinture, et, comme sa famille professait des opinions libérales, il fut, dès l'adolescence, un adversaire de l'Empire.

A la sortie du Lycée, Gambetta poursuivit ses études à Paris, à l'Ecole de Droit (1857-1860), contre le gré de son père qui aurait préféré Toulouse et caressait toujours l'espoir de l'intéresser aux affaires commerciales.

Au contraire, sa mère, plus idéaliste, plus perspicace, et qui semble avoir, avec cet instinct de divination propre à l'amour maternel, pressenti les hautes destinées qui l'attendaient, le soutint, dans ses désirs, d'abord vagues, de tenter une autre carrière.

L'existence matérielle de Gambetta, comme étudiant, fut assez précaire ; ses uniques ressources étaient une

(1) Lettre à son père, du 17 janvier 1858.

pension mensuelle de 100 francs ; mais le courage et l'enthousiasme le soutenaient.

Outre l'Ecole de Droit, il fréquentait la Sorbonne et le Collège de France où il suivait des cours de littérature et d'économie politique ; il fréquentait aussi les prétoires du Palais de Justice.

Il étudiait « le droit, la législation, l'histoire des peuples sous toutes les formes », estimant que « l'homme ne se nourrit pas seulement de pain et de viande, mais de la morale, sous tous ses points de vue. » (1)

A dix-neuf ans, il rêvait, après la lecture de la *Science nouvelle* de Vico, d'écrire l'histoire du commerce et un traité sur l'éducation politique et morale des hommes en général, et sur celle des princes en particulier. (2)

A vrai dire, il ne travaillait pas, « avec la régularité de la pendule » ; il ne marchait pas « tous les jours à pas de fourmi » ; il travaillait « par sauts et par bonds » ; il avait des « accès de fièvre studieuse » ; il se livrait à des « orgies de travail » et il était forcé de digérer en repos « ces immenses festins d'idées », contrairement aux sages avis de son père qui lui montrait la supériorité du travail quotidien, constant et tenace, dont il s'était fait une règle personnelle.

Néanmoins, il convertit finalement ce dernier à l'idée de le laisser poursuivre sa carrière d'étudiant.

Cet assentiment lui procura une grande joie.

« Je ne pourrais trop dire, écrivait-il à son père, le

(1) Lettre à son père, 25 janvier 1857.

(2) V., en outre, une lettre à son père du 9 juin 1857, où il expose son juvénile et généreux espoir d'une transformation universelle du monde :

« Que le monde devienne une grande école mutuelle où l'homme sera l'instituteur de l'homme, où les idées de caste, d'égoïsme, d'ambition, de cupidité, d'indifférence, de haine, soient chassées pour faire place au cosmopolitisme, à l'amour, au désintéressement, à l'égalité, à l'enthousiasme et à la charité !

« Une seule science, l'économie politique ; un seul autel, l'humanité ; un seul principe, l'ordre ; une seule société, le monde. »

25 mars 1857, le contentement de mon cœur de te voir adhérer à mes études, d'autant plus qu'elles ne sont que le jeu d'un joueur qui ne hasarde que les as. S'il perd, la prévoyance lui a ménagé un abri sûr et heureux. »

« Le port c. toujours derrière moi : au premier souffle de la tempête, je tournerai la voile et rentrerai dans la rade. » (1)

----

(1) Lettre à son père, 4 mars 1857.

II

La vocation de Gambetta

En poursuivant ses études de droit, Gambetta se sentait de plus en plus entraîné vers l'art oratoire, auquel il s'exerçait, non sans succès, au milieu de la jeunesse des écoles.

Il apprenait et déclamait les discours de Mirabeau et de Danton.

Impatient de suivre les débats du procès Orsini et d'entendre les maîtres de la parole du moment : Chaix, d'Est-Ange, Jules Favre, Crémieux, Liouville, il écrit à son père, le 17 février 1858 :

— « Je prépare mon cœur, mes oreilles et ma mémoire depuis huit jours. O avenir ! quand pourrai je préparer ma parole ?...»

Plus tard (24 juin 1859), après avoir entendu Jules Favre, Crémieux, Berryer, il s'écrie :

— « Berryer a plaidé comme s'il avait eu vingt ans. C'était délirant ! Ah ! Quand me sera-t-il donné de prendre rang dans cette milice de la parole ? »

« Mes relations s'étendent, dit-il, en préparant son premier examen de licence (19 février 1859) ; on n'arrive que par les connaissances ; je suis désormais sûr de plaider, aussitôt avocat, et pour une bonne clientèle. »

Au moment de prêter serment (27 février 1860), il dit :

— « Oh ! qu'il me tarde de plaider ! La langue me brûle. J'ai peur d'avoir peur, comme disait Montaigne.

C'est le courage des braves. Quand viendra ce beau jour ?...

« En ce moment-ci, j'ai la fièvre de débuter ; je lis, je relis les maîtres de la parole ; j'apprends ; je vais au théâtre et au Palais ; je cherche des leçons et des modèles ; ils abondent ici.

« Quand serai-je admis à les reproduire ? Je ne pense plus qu'à cela. »

Ayant, en décembre 1860, échoué à son examen de droit romain pour le doctorat qu'il préparait en vue de l'agrégation et du professorat, il opta définitivement pour le barreau et se fixa à Paris, avec sa tante, encore contrairement au désir de son père qui aurait voulu le voir exercer à Cahors.

Secrétaire de de Jouy, de Crémieux, de Lachaud, il commença à plaider tout en faisant de nombreuses lectures, en collaborant à *La cour d'assises illustrée*, à *L'Europe*, à *La Revue politique* fondée par Challemel-Lacour et Brisson, et en fréquentant assidûment le Corps législatif.

Il fut bientôt très occupé comme avocat.

Il fit des voyages à Londres et en Orient, avec Clément Laurier ; enfin il se jeta dans la bataille politique, en 1863, en soutenant la candidature de Jules Favre et de Prévost-Paradol.

Dès lors, le but de sa vie devint précis et, le 22 juin 1863, il écrivit à son père :

« Le succès des élections à Paris m'a comblé de joie. J'y ai pris une grande part ; je me suis remué et mis en contact avec tout ce qu'il y a de généreux, de vivant, de scientifique, dans ce mouvement libéral et démocratique ; j'y ai conquis une véritable influence. A l'heure où je t'écris, je suis convaincu que ces trois mois de lutte électorale qui viennent de s'écouler ont plus fait pour mon avenir que trois ans de calme et pacifique étude. Je suis en vedette ; on m'observe ; on me discute ; mais, à côté des critiques, il y a les éloges et les encouragements, et tout me fait croire que la destinée me sourit et me fait un enfant gâté.

. . . .

« La politique et le barreau seraient les deux leviers sur lesquels je serais appuyé pour triompher de tous les obstacles et atteindre toutes les couronnes. »

Et, le 28 juillet 1863, plus enthousiaste encore, il dit :

« L'avenir se lève enfin ! Il sera radieux. »

III

L'action politique de Gambetta sous l'Empire

Sa vocation arrêtée, Gambetta se dépensa sans ménagements pour la suivre et conquit rapidement une brillante réputation de tribun au Palais et dans le parti croissant qui faisait une opposition sans trêve à l'Empire.

Il fit apprécier sa valeur et son caractère dans de nombreux procès littéraires, artistiques, électoraux, et dans les conciliabules et réunions politiques.

Avec une perspicacité rare, qui fut l'un des traits caractéristiques de son génie d'homme d'Etat, il prévit longtemps à l'avance que l'année 1869, où la Chambre des députés devait être renouvelée, serait une époque critique pour le régime impérial, dont il avait, par une intuition précoce, deviné la précarité (1), et il se prépara résolument à y jouer un grand rôle ; car, dès le 9 mars 1866, il écrivait à son père :

« 1869 sera pour l'Empire une date décisive, comme autrefois 1852 pour la République !

« En attendant, je redouble d'efforts et d'études, pour me préparer à prendre une part active aux événements. Je me tiens au courant de toutes les questions ; j'en recherche les origines dans le passé et je consacre tout le temps que le Palais me laisse, aux soins de la politique. Ce n'est pas que l'ambition me surexcite outre mesure ; mais je suis porté du côté des affaires politi-

(1) V. dans le recueil de P. Ghéusi, les lettres à son père des 9 et 23 juin 1857, 2 février 1858, 11 avril 1865 et autres.

ques par un double sentiment de passion personnelle
et d'intérêt général. »

Enfin, il conquit définitivement une position politique éminente et une réputation d'orateur hors ligne en
prononçant un terrible réquisitoire contre l'Empire,
en novembre 1868, dans le procès intenté à Delescluze
et au journal *Le Réveil*, au sujet d'articles relatifs à la
souscription du monument de Baudin, victime héroïque
du 2 décembre.

Un bon juge apprécie, comme il suit, cet avènement
de Gambetta à l'illustration qui fut, en même temps,
un grand événement politique :

« La harangue enflammée qui traduisit brutalement
le régime impérial à la barre de l'opinion publique fut
la révélation d'une puissance oratoire contre laquelle
aucune autorité ne pourrait prévaloir. Depuis les jours
sanglants de décembre, personne n'avait osé, sur le
territoire français, mettre en cause directement le régime du coup d'Etat en permanence, et voici que, pour
comble d'audace, dans le prétoire même, un chétif
avocat se levait devant des juges asservis pour procla-
mer, au nom du droit et de la loi même, la flétrissure
des aventuriers au pouvoir et la glorification de leurs
victimes. Ce fut à ce moment, en vérité, que l'Empire
fut frappé à mort; car dès qu'on lui demandait des
comptes il était perdu. Vous pouvez nous frapper,
s'était écrié Gambetta, vous ne pourrez pas nous abat-
tre. La parole était à peine dite que l'événement avait
prononcé ! (1) »

A partir de cette journée historique, Gambetta fut
l'un des champions les plus populaires du parti répu-

(1) Discours de Clémenceau, président du Conseil, à l'inauguration du
monument de Gambetta, à Nice, 25 avril 1909.

V. en outre, in GHEUSI, *Gambetta par Gambetta*, p. p. 265-66, les im-
pressions d'audience de J. J. Veiss et Jules Claretie.

blicain, et, à ces élections de mai 1869, dont il avait, avec tant de sûreté, pronostiqué la gravité, il fut élu, comme adversaire *irréconciliable* de l'Empire, contre les candidats officiels du ministère Ollivier, à Paris-Belleville et à Marseille.

Dans ces élections mémorables, il avait prodigué son éloquence, au mépris même de sa santé, en allant faire retentir son verbe implacable dans des réunions publiques, souvent deux ou trois fois par jour, sur un grand nombre de points du territoire, dans le seul intérêt de la cause dont il s'était fait l'apôtre.

Mais Gambetta n'était pas simplement homme d'opposition ; il possédait un esprit gouvernemental naturel qui se manifesta bien avant l'heure où il put efficacement le mettre en pratique.

Tout en faisant une guerre acharnée à l'Empire, il déclarait qu'il faut que la démocratie soit « scientifiquement organisée » et que la forme républicaine, qu'il appelle de toutes ses forces, sera un vrai gouvernement qui aura la conscience de ses devoirs et qui saura se faire respecter. »

Il étudiait les conditions fondamentales des sociétés, et celles de la nature des hommes d'Etat ; il se rendait compte de la nécessité du gouvernement dans tous les régimes ; il arrêtait et précisait, dans sa pensée, les fonctions qui incomberaient à celui que la France, libérée de l'empire, devait constituer.

« Il ne faut pas, écrivait-il, par excès de réaction contre le despotisme administratif des monarchies déchues et des deux régimes bonapartistes, aller jusqu'à la suppression de l'idée d'Etat, de gouvernement social, initiateur et protecteur. » (1)

---

(1) Conseils à Lavertujon sur le programme politique qu'il doit adopter et défendre comme candidat, août 1869 ; in. *Gambetta inconnu,* par André Lavertujon, p. 10.

Il conseillait à Lavertujon de parler aux électeurs de telle sorte qu'on vit tout de suite « qu'on a devant soi un homme de gouvernement *(rarissima avis in nostris terris).* » (1)

Aussi, dès son premier discours à la Chambre des Députés, le 5 avril 1870, Gambetta s'affirma si bien comme un esprit organique que les journalistes de l'époque écrivaient :

« Ne vous y trompez pas, disait-on autour de nous, le parti néo-républicain a trouvé en M. Gambetta mieux qu'un orateur de premier ordre, il peut saluer en lui un homme d'Etat, un chef. » (2)

Dans ce discours, prononcé contre le plébiscite, au cours d'une interpellation sur le pouvoir constituant, Gambetta fit une critique très sagace du *Contrat social* de Rousseau ; il signala magistralement l'éphémère utilité des doctrines exposées dans cet ouvrage.

Tout son discours, d'ailleurs, révèle une très grande maturité politique et une connaissance très étendue de l'histoire et de ses enseignements.

Gambetta y procédait « à la démonstration méthodique et raisonnée de l'excellence du gouvernement républicain, de l'illégitimité de tout autre régime, de son avènement nécessaire » ; et, cependant, il se fit religieusement écouter pendant deux heures « de ceux que le seul mot de République jette d'ordinaire dans des terreurs folles. » (3)

Lorsque, peu de temps après, la funeste guerre avec l'Allemagne, provoquée « sans préparatifs militaires, sans perspicacité politique, sans alliances, dans un inté-

---

(1) 9 septembre 1869.

(2) *La France :* 6 avril 1870.

(3) *Le Temps,* cité par Gheusi, pp. 311-14, parmi les appréciations de plusieurs autres témoins de ce « début triomphal. »

rêt purement dynastique », éclata, Gambetta, qui avait vainement réclamé, comme Thiers, la preuve de l'insulte faite par le roi de Prusse à la France, ne se préoccupa plus d'autres intérêts que ceux de la patrie.

« La guerre déclarée, il n'y a plus devant nous que le salut de la patrie, » dit-il.

Et il vota les crédits pour la guerre ; il répudia les manœuvres des démagogues ; il s'associa à toutes les mesures réclamées par la situation, de telle sorte que, dans la séance tumultueuse du 4 septembre, le président Schneider proclamait qu'il le tenait pour un des hommes les plus patriotes du pays et conjurait la multitude d'écouter sa voix.

IV

Gambetta
organisateur de la Défense nationale
en province

Le 4 septembre 1870, Gambetta fit, d'abord, d'énergiques tentatives pour maitriser l'impatience populaire qui se manifesta dans les tribunes de la Chambre des Députés et pour obtenir, d'une part, que la déchéance de l'Empire fut proclamée solennellement, de l'autre, que le gouvernement provisoire, qu'il allait nécessairement instituer, reçût une investiture égale.

A maintes reprises, il s'écria : « Citoyens, une des conditions premières de l'émancipation d'un peuple c'est l'ordre et la régularité... Laissez la délibération qui va avoir lieu se poursuivre en pleine liberté... Vous pouvez donner un grand spectacle et une grande leçon... Attendez, dans la modération et dans la dignité du calme, la venue de vos représentants à leur place. Gardez un silence solennel jusqu'à ce qu'ils rentrent... L'ordre est la plus grande des forces... On délibère et on va vous apporter le résultat de la délibération. Il va sans dire que nous ne sortirons pas d'ici sans avoir obtenu un résultat affirmatif. »

Et quand la foule fit irruption dans la salle, quand toute séance correcte fût impossible, quand le Corps législatif fut, en fait, dissout, ce fut encore Gambetta qui empêcha les violents d'aggraver la situation, en prenant l'initiative de la proclamation de la République à l'Hôtel de ville.

C'est à son instigation que fût constitué le gouvernement de la Défense nationale, composé, sous la présidence du général Trochu, des députés de Paris et de ceux qui, comme lui, Picard et Jules Simon, simultanément élus à Paris et ailleurs, avaient opté pour leur collège de province.

Dans ce gouvernement, Gambetta fut, d'abord, simple ministre de l'Intérieur ; en cette qualité, il montra, sur le champ, son aptitude à subordonner ses intérêts d'homme de parti aux nécessités nationales et politiques, en adressant aux préfets une circulaire dans laquelle il disait :

« La défense du pays avant tout !

« Ne pensez qu'à la guerre et aux mesures qu'elle doit engendrer ; donnez le calme et la sécurité pour obtenir en retour l'union et la confiance ; ajournez d'autorité tout ce qui n'a pas trait à la défense nationale ou pourrait l'entraver ; rendez-moi compte de toutes vos opérations et comptez sur moi pour vous soutenir dans la grande œuvre à laquelle vous êtes associés et qui doit nous enflammer tous du zèle le plus ardent, puisqu'il y va du salut de la France. »

Mais l'investissement de Paris ayant rendu sa fonction et sa présence, dans cette ville, sans objet, il la quitta, le 7 octobre, en ballon, avec le titre de chef de la délégation du gouvernement de la Défense nationale en province.

D'ailleurs, à juste titre, Gambetta professait que le gouvernement commettait une lourde faute en se laissant enfermer dans Paris.

« J'avais réclamé, dit-il plus tard, dès l'origine, que le gouvernement tout entier sortît de Paris ; je ne comprenais pas qu'une ville qui allait être assiégée, bloquée, et réduite par conséquent à un rôle purement militaire et stratégique, conservât le gouvernement dans son sein ; je demandais que, tout au moins, le ministre des Finances, le ministre de l'Intérieur, le ministre de la Guerre, le ministre des Affaires étrangères sortissent de Paris et allassent constituer le gouvernement en province.

« Je crois que, parmi les faiblesses qu'on a pu avoir, celle là est capitale et je suis convaincu que les choses auraient tout autrement tourné si le gouvernement, au lieu d'être bloqué, avait été un gouvernement agissant au dehors. » (1)

En effet, on ne constate pas sans tristesse que la France doit la plus grande partie de ses malheurs, en 1870, autant à sa faiblesse militaire qu'aux fautes de ses gouvernants, en premier lieu. aux fautes des gouvernants de l'Empire, mais, en outre, à celles du gouvernement de la Défense nationale.

Car la claustration du gouvernement à Paris entraîna cette autre conséquence fâcheuse que la principale mission de Gambetta fût de le délivrer et que, soit pour se conformer aux instructions de ses collègues, soit par condescendance pour l'opinion publique, soit par sentiment personnel, il donna pour premier objectif aux efforts de la province la levée du siège de la capitale.

« Les aptitudes de troupes jeunes, courageuses, patriotes, mais peu exercées et mal soudées les unes aux autres, eussent été certainement mieux utilisées,

____

(1) Déposition devant la commission d'enquête sur les actes du gouvernement de la Défense nationale.

dit le général Niox, en organisant, dans la région accidentée et boisée du Morvan, de la Côte-d'Or et des Vosges, une guerre méthodique de partisans, afin de couper les communications de l'ennemi, d'empêcher ses ravitaillements et de paralyser ses manœuvres. » (1)

L'expérience a, depuis, mis en lumière, d'une manière éclatante, le danger qui réside dans la liaison du sort d'une armée, à plus forte raison d'une nation, à une ville déterminée ; mais, en 1870, ces dogmes stratégiques n'avaient pas encore acquis le caractère péremptoire qu'ils ont aujourd'hui.

Quel que soit le mérite de ces considérations théoriques rétrospectives que les historiens militaires peuvent se permettre à loisir, il faut, pour juger équitablement Gambetta, ne pas perdre de vue qu'il dût tout improviser à la hâte ; car les trois délégués que le gouvernement de la Défense nationale avait antérieurement envoyés en province, fatigués par l'âge, dépourvus de capacité politique et d'initiative, étaient demeurés à peu près passifs devant les événements qui se précipitaient.

« Matériel, munitions, cadres, instruction, tout nous manque, déclarait le général Bourbaki. Nous n'avons que du patriotisme. »

Le personnel des administrations centrales, resté à Paris avec le gouvernement, faisait lui-même défaut.

Au milieu de Septembre, « il n'existait plus un seul régiment d'infanterie ni de cavalerie ; il n'y avait que des hommes, en assez grand nombre, il est vrai, dans les dépôts, mais sans aucun commencement d'organisation. L'artillerie était nulle ; on ne comptait, à ce moment, dans toute la France, que six pièces prêtes à

(1) *La guerre de 1870*, p. 88.

entrer en ligne : les autres manquaient de leurs attelages, de leur personnel et beaucoup même de leurs affûts. » (1)

A l'arrivée de Gambetta, on était, avec peine, parvenu à concentrer sur la Loire une trentaine de mille hommes provenant d'Afrique ou de réserves éparses.

Dans cette immense détresse, Gambetta commença par assumer, avec la direction du ministère de l'Intérieur, celle du ministère de la Guerre, que la démission de l'amiral Fourichon venait de rendre vacante, et, dès le 9 octobre, il fit un pressant appel au patriotisme général dans une ardente proclamation où il exposait, en outre, tout le programme de l'énergique action qu'il se proposait d'exercer.

« Donc, toutes autres affaires cessantes, disait-il, j'ai mandat, sans tenir compte ni des difficultés, ni des résistances, de remédier, avec le concours de toutes les énergies. aux vices de notre situation, et, quoique le temps manque, de suppléer, à force d'activité, à l'insuffisance des délais. Les hommes ne manquent pas. Ce qui a fait défaut, c'est la résolution, la décision et la suite dans l'exécution des projets.

« Ce qui fait défaut, après la honteuse capitulation de Sedan, ce sont les armes. Tous nos approvisionnements de cette nature avaient été dirigés sur Sedan, Metz et Strasbourg ; et l'on dirait que, par une dernière et criminelle combinaison, l'auteur de tous nos désastres a voulu en tombant nous enlever tous les moyens de réparer nos ruines.

« Maintenant, grâce à l'intervention d'hommes spéciaux, des marchés ont été conclus, qui ont pour but et pour effet d'accaparer tous les fusils disponibles sur le marché du globe. La difficulté était grande de se

____

(1) De Freycinet : *La guerre en province.*

procurer la réalisation de ces marchés : elle est aujourd'hui surmontée.

« Quant à l'équipement et à l'habillement, on va multiplier les ateliers et requérir les matières premières, si besoin est : ni les bras, ni le zèle des travailleurs ne manquent ; l'argent ne manquera pas non plus.

« Il faut mettre en œuvre toutes nos ressources qui sont immenses, secouer la torpeur de nos campagnes, réagir contre les folles paniques, multiplier la guerre de partisans, et à un ennemi si fécond en embuches et en surprises. opposer des pièges, harceler ses flancs, surprendre ses derrières et enfin inaugurer la guerre nationale.

« La République fait appel au concours de tous ; son gouvernement se fera un devoir d'utiliser tous les courages, d'employer toutes les capacités. C'est sa tradition à elle d'armer les jeunes chefs ; nous en ferons ! Le ciel lui-même cessera d'être clément pour nos adversaires ; les pluies d'automne viendront et, retenus, contenus par la capitale, les Prussiens, si éloignés de chez eux, inquiétés, troublés, pourchassés par nos populations réveillées, seront décimés pièce à pièce, par nos armes, par la faim, par la nature.

« Non, il n'est pas possible que le génie de la France se soit voilé pour toujours, que la grande nation se laisse prendre sa place dans le monde par une invasion de cinq cent mille hommes.

« Levons-nous donc en masse et mourons plutôt que de subir la honte du démembrement. A travers tous nos désastres et tous les coups de la mauvaise fortune, il nous reste encore le sentiment de l'unité française, l'indivisibilité de la République.

« Paris cerné affirme plus glorieusement encore son

immortelle devise qui dictera aussi celle de toute la France :

« Vive la République une et indivisible.

Et Gambetta, déployant une prodigieuse activité, poursuivit l'exécution de ce vaste plan de campagne sans aucune relâche, sans se laisser rebuter par aucun revers.

Il put dire : « Jamais le désespoir ne s'est approché de mon âme. »

Exerçant un pouvoir dictatorial absolu, avec un civisme immaculé, il transforma la France en camp d'instruction, organisa la levée en masse, découvrit des généraux de mérite, créa un formidable matériel de guerre, rassembla d'immenses approvisionnements, et, finalement, en trois mois, il mit sur pied et jeta au devant de l'ennemi cinq grandes armées : la première armée de la Loire, qui eut pour objectif de débloquer et de ravitailler Paris ; la seconde armée de la Loire, qui, après la bataille du Mans, devint l'armée de l'Ouest et de Normandie ; l'armée du Nord, chargée d'attirer dans cette région une partie des forces allemandes qui investissaient Paris ; l'armée des Vosges qui menaça les flancs, les derrières et les communications de l'ennemi ; l'armée de l'Est qui eut pour mission de poursuivre la même opération sur un plus vaste théâtre et de provoquer une importante diversion.

Bref, Gambetta ressuscita la France abattue et, par l'énergie de son patriotisme, par l'éclat de son génie, il inspira à tous ceux qui le secondèrent dans son œuvre gigantesque un enthousiasme respectueux dont on retrouve le pathétique témoignage dans cet immortel portrait que son principal collaborateur, M. de Freycinet, a tracé de lui durant ces grands jours historiques :

« Gambetta resta l'âme de la défense, enflammant le pays par ses appels passionnés, réchauffant les cœurs, ranimant les courages, communiquant à tous sa foi inébranlable, se transportant sur les points. les plus menacés, haranguant les troupes, soulevant les cités, faisant sortir du sol des soldats par milliers, créant les Chanzy, les Faidherbe, les Saussier, les Billot, les Jaurès, les Jauréguiberry, les Clinchant, les Denfert, et laissant partout derrière lui une longue traînée de patriotisme, d'énergie et de confiance. Rien ne l'abat, rien ne l'arrête. La capitulation de Metz lui arrache un cri de colère et de douleur ; mais se reprenant aussitôt :

« Français, dit-il, élevez vos cœurs à la hauteur de votre infortune.... »

« Et il donne l'exemple ; il redouble d'efforts ; il se multiplie. Il recouvre la grande trahison par un débordement d'amour pour la patrie et un dévouement sans borne à sa cause.

« Ah ! Messieurs, ceux qui n'ont vu Gambetta que de loin, ceux qui n'ont pas été associés à lui dans ces jours sombres ne peuvent se faire une idée de l'activité surhumaine qu'il déploya et de la force rare de sa volonté. Que de fois, écrasé par les veilles et les fatigues, miné par la fièvre, au moment — il le semblait du moins — d'être vaincu par la maladie, il se redressait soudain, et par un irrésistible effort chassait loin de lui tous ces inquiétants symptômes. Il partait de nouveau et accomplissait un de ces merveilleux apostolats après lesquels la France se sentait raffermie.

« Là est le secret de cette longue résistance, soutenue au delà de toute prévision, et qui est restée un sujet d'étonnement pour nous-mêmes comme pour nos ennemis. Personne après Sedan, ne soupçonnait les ressources que le pays recèlait encore et n'aurait cru possible de les mettre en œuvre dans des conditions aussi défavorables. Ce miracle est dû à Gambetta. C'est à sa voix que 600.000 hommes ont été successivement armés et équipés, que 1.400 pièces d'artillerie sont sorties des arsenaux en apparence épuisés, que des fabriques de munitions ont été dressées en quelques jours. C'est à lui que nous devons ces jeunes armées, auxquelles personne, hélas ne pouvait donner l'âge et l'expérience, mais qui, malgré les coups redoublés de la fortune, ont forcé le respect de l'ennemi par leur élan et leur bravoure. C'est à lui que nous devons ces fiertés patriotiques au milieu de nos douleurs : Coulmiers, Bapaume, Villersexel, Belfort, Châteaudun, échos lointains de nos gloires d'autrefois. »

Ni la capitulation de Paris, ni l'armistice même ne découragèrent Gambetta.

En apprenant la capitulation, il écrivit à Jules Favre :

« Nous recevons à l'instant une dépêche de Londres qui annonce votre retour de Versailles à Paris avec les conditions de la capitulation. La précision de la dépêche ne laisse aucun doute dans notre esprit et je reste muet devant une telle catastrophe. Le ballon, que vous avez lancé ce matin (27 janvier), est passé au dessus de Niort et de Rochefort, vers le milieu du jour. Il est probablement allé à l'Océan et nous sommes sans nouvelles officielles de vous. Tout, jusqu'à la nature, conspire contre la France. L'expiation est rude, le châtiment démesuré. Seul, le souffle de la Révolution peut encore nous sauver. C'est lui que j'appelle et que j'invoque ; c'est par lui seul que je compte surexciter ce qui reste encore dans le pays de vitalité et d'énergie. « Vive la France ! Vive la République ! »

De même, malgré la signature de l'armistice pour lequel il ne fut pas même consulté, il continua à ne se préoccuper que de la lutte à outrance.

D'accord avec le général Chanzy, il voulait renouveler ce que fit l'Espagne de 1808 à 1813, « refuser les grandes batailles, abandonner le système de la guerre de masses, résister derrière tous les obstacles, harceler l'ennemi, couper ses communications, empêcher son ravitaillement, l'user en détail et faire le vide devant lui. »

Mais le gouvernement de Paris était résolu à la paix ; il ne resta pas seulement sourd aux suggestions de Gambetta ; il le désavoua et l'obligea à donner sa démission de la fonction qu'il avait si noblement illustrée.

Elu par 9 départements comme membre de l'Assemblée nationale, il opta pour le Bas-Rhin et fut à la tête des 107 députés qui votèrent, le 1er mars 1871, contre la ratification des préliminaires de paix, approuvés par 546 voix.

Quatre généraux commandant les armées, Billot, Chanzy, Loisel et Masure, étaient au nombre des opposants ; trois autres s'abstinrent ; mais 19 généraux ou amiraux approuvèrent la résolution.

De plus, Gambetta signait la protestation solennelle et unanime des représentants de l'Alsace-Lorraine qui déclaraient tenir par avance « nuls et non-avenus tous actes d'annexion et s'engageaient, par serment, à revendiquer éternellement, pour l'Alsace-Lorraine, le droit de rester française. »

Tous ces faits sont bien connus et je ne les rappelle qu'afin de ne laisser dans l'obscurité aucun des nobles traits de la grande figure que j'évoque aujourd'hui ; mais ce qui l'est moins, c'est que Gambetta fut vivement encouragé dans ses projets de résistance désespérée par les organes autorisés de la Société positiviste.

Voici, par exemple, l'adresse que ceux-ci rédigèrent, à son intention, alors que Paris agonisait :

Au Citoyen Gambetta,
Chef de la Défense nationale :

Paris, le 20 Moïse 83,
(20 Janvier 1871).

« CHER ET GRAND CITOYEN,

« C'est avec une profonde émotion que nous avons appris vos énergiques efforts pour sauver la Patrie et les résultats immenses que déjà vous avez obtenus.

« Par votre dévouement, par votre clairvoyance, par votre fermeté et par vos succès, vous avez bien mérité de la France ; tous les patriotes vous sont reconnaissants.

« Ceux surtout qui connaissent le prix de la délivrance, la nécessité de sauvegarder, coûte que coûte, le foyer de la Révolution et de maintenir libre cette nation généreuse qui, malgré ses égarements et ses fautes, n'en est pas moins l'avant garde et l'espérance de l'Humanité, ceux-là vous devaient un témoignage plus explicite de gratitude et d'assentiment.

« Poursuivez, citoyen, jusqu'à son glorieux terme, jusqu'à son plus entier triomphe, cette entreprise magnanime !

« La France ne peut périr.

« Toutefois, recevez d'amis, de coreligionnaires, de frères d'armes qui demain ne seront plus peut-être, un vœu qui témoignera de leur ardent amour pour la cause que vous défendez : malgré sa puissance dans le sacrifice, malgré ses immenses ressources, malgré sa résolution de tout souffrir et de tout entreprendre, Paris va succomber !

« La fatalité des circonstances, sans aucun doute aussi le manque de génie et de foi chez ceux qui l'ont dirigé auront amené cet exécrable résultat et rendu inutile l'héroïsme de la grande cité.

« Que cet effroyable désastre ne vous désarme point. — Non ! — Qu'il allume dans votre âme cette rage patriotique, cette fureur vengeresse qui relèvent les vaincus et souvent les situations les plus désespérées. Loin de vous les conseillers funestes qui, sous le masque de la sagesse, cachent la trahison et la lâcheté ! Pas de repos, pas de trève, que, soulevant la France comme un seul homme, vous n'en ayez accablé l'Allemagne et lavé dans le sang l'injure qu'elle aura faite au nom de l'Humanité.

« C'est dans cette intime confiance que nous vous disons un civique et fraternel adieu et que nous vous serrons la main, ainsi qu'à tous vos courageux collaborateurs civils et militaires, Ranc, Spuller, Chanzy, Crémieux, Garibaldi.

« Pour la Société Positiviste de Paris,

« Fabien Magnin.
« Pierre Laffitte.

« P.-S. — Laissez nous périr par la faim, le fer ou le feu, et résistez quand même. »

Peu de jours après, ces encouragements positivistes étaient renouvelés dans la forme suivante :

Au Citoyen Gambetta,
Chef de la Défense nationale :

Paris, le 8 Homère 83.
5 Février 1871.

« Cher et Grand Citoyen,

« Le club positiviste de Paris, d'après l'ensemble de votre conduite et les documents qui la font connaître, s'empresse de vous adresser ses félicitations énergiques et son assentiment dévoué.

« Il approuve autant votre dernière proclamation et votre décret électoral, qu'il condamne le coupable désaveu que le gouvernement de Paris en a fait.

« Bien que la capitale ait été livrée, nous comptons encore sur vous pour conserver l'indépendance de la Patrie et le maintien de la République.

« Salut et fraternité.

« *Pour le Club Positiviste de Paris,*

« Docteur Robinet,
« Docteur Sémerie. »

Enfin, après la signature des préliminaires de paix, les signataires de l'adresse qui précède prenaient l'initiative de la pétition dont voici le texte :

7 Mars 1871.

« Les soussignés, membres du cercle républicain des vi^e et viie arrondissements, après avoir pris connaissance des préliminaires de paix arrêtés entre les plénipotentiaires Allemands et Français, regardent comme un impérieux devoir d'exprimer la douleur qu'un tel acte doit causer à tout patriote.

« Ils protestent de toute leur force contre le démembrement de la France, contre le scandaleux empressement que l'on a mis à le consommer et contre le coupable abandon de provinces aussi profondément attachées à la commune patrie, que l'on a sacrifiées à l'intérêt matériel seulement, en foulant aux pieds les intérêts moraux et politiques les plus élevés !

« Ils défèrent au jugement des peuples et de la postérité tous ceux qui, dans le Gouvernement et l'Assemblée, ont été complices de cette mutilation parricide, et surtout cette majorité royaliste qui est venue d'enthousiasme et le front haut, se porter, en cette occasion, mandatrice de l'abaissement politique et de l'incivisme des populations rurales proclamant la paix à outrance, comme elle avait, au début, acclamé cette guerre funeste !

« Ils invitent les villages républicains de France à signer avec eux cette condamnation sans appel, afin de décharger la Démocratie française de toute participation dans une telle abdication de nationalité. »

Mais, hélas ! toutes ces généreuses adjurations de nos aînés restèrent à l'état de désirs. Le douloureux sacrifice fut consommé !

***

Néanmoins, malgré l'insuccès de ses efforts militaires, la Défense nationale fut féconde en résultats importants.

D'abord, elle n'aggrava nullement, — comme certains de ses calomniateurs ont perfidement tenté de le faire croire, — les exigences du vainqueur. Ces exigences, nettement formulées dans les pourparlers préliminaires de la capitulation de Sedan, à Donchery, et dans l'entrevue de Bismarck et de Jules Favre, à Ferrières le 19 septembre 1870, ont, dès l'origine, comporté une indemnité de guerre de quatre milliards et « une bonne ligne stratégique avancée », c'est-à-dire la cession de l'Alsace et de la Lorraine.

Au contraire, l'opiniâtreté de sa résistance permit

à la France de conserver le territoire de Belfort et quelques morceaux de Lorraine.

De plus, grâce à son héroïsme, la France garda l'estime d'elle-même ; elle subit la fatalité ; elle ne la mérita pas.

Sachant que les malheurs qui venaient de l'accabler pouvaient être conjurés, elle entretint l'espoir de leur réparation.

La Défense nationale a sauvegardé le patrimoine moral de la France. Les Français n'ont jamais eu, quoi que leurs détracteurs aient dit, une mentalité de vaincus.

D'autre part, par la Défense nationale, la France s'imposa au respect de l'Allemagne qui n'osa l'attaquer de nouveau qu'après quarante-quatre ans de préparatifs continus ; elle conquit l'estime des autres nations et, — la rapidité de son relèvement aidant, — elle fit comprendre à celles-ci la faute qu'elles avaient commise en la laissant écraser sans protestation et la nécessité de ne pas renouveler cette faute.

La Défense nationale est la source initiale des précieuses alliances que la France a contractées dans la suite.

Tous ces résultats, dont nous récoltons aujourd'hui les fruits, sont principalement dus au patriotisme de Gambetta.

Cependant, en France, il fut d'abord méconnu, injurié, calomnié, considéré comme « fou furieux ». Un de ses médiocres collègues du gouvernement de la Défense nationale, Jules Simon, signa même, à Bordeaux, un ordre d'arrestation contre lui, et, pendant longtemps, il n'eut comme consolation de l'ingratitude de ses compatriotes que la justice respectueuse rendue par l'ennemi vainqueur aux audacieuses et géniales tentatives du redoutable adversaire qui l'avait arrêté dàns sa marche triomphale.

Voici, par exemple, l'impartial jugement porté sur lui par le général Colmar vou der Goltz : (1)

« Gambetta fut grand comme ministre de la guerre. En France, on l'a surnommé, par dérision, le Carnot de la défaite... Il n'en a pas moins été un Carnot. Ses armées auraient vaincu, incontestablement, si elles avaient trouvé leur Bonaparte et si elles avaient eu à combattre les généraux des coalitions. Les attaques ou les soupçons dont l'honneur personnel de Gambetta a pu être parfois l'objet ne méritent pas qu'on s'y arrête. En cela, il a partagé le sort de toutes les grandeurs déchues. Les pygmées piétinent bravement sur le géant renversé, se vengeant ainsi de n'avoir pas dépassé, pendant si longtemps, la hauteur de ses semelles. Celui qui a seulement aperçu, dans ses traits généreux, la nature de cet homme, se dira qu'il n'était pas fait pour sauver un sac d'or du naufrage de sa patrie.

« Gambetta aurait du se borner aux fonctions de ministre de la Guerre ; mais ses actes comme général présentent aussi, dans leurs traits généraux, beaucoup de choses dignes d'éloges. L'idée fondamentale de l'opération, les premières dispositions, les préparatifs dénotent non seulement une grande audace, mais aussi de la pénétration stratégique.

« Cette pénétration se manifeste dans les tentatives faites pour diriger la première armée de la Loire par Montargis sur Fontainebleau ; elle n'est pas moindre dans l'étonnante conversion qui fut opérée après la

____

(1) In Gheusi : *Gambetta par Gambetta*, p. 325.

deuxième défaite d'Orléans, alors qu'avec la première armée de la Loire on en constitue deux nouvelles.

« Peu d'hommes apprécient Gambetta comme il l'a toujours mérité. Il a, de tous temps, été jugé avec plus d'équité du côté des Allemands. et il ne nous convient vraiment pas, à nous qui sommes du parti vainqueur, de réclamer contre sa personne. Nous rendons justice à ses grandes qualités ; elles sont indéniables, bien que l'ensemble de sa personnalité ne fût pas parfait.

« Ce qu'il a fait, peu d'hommes encore l'avaient fait avant lui, et peu d'hommes après lui atteindront cette hauteur. Là où il a fallu ici lui donner l'épithète de petit, ce mot n'a été employé que d'une manière relative, en mesurant le dictateur avec la mesure même qu'il s'était donnée en entreprenant une tâche aussi colossale. Celui qui veut porter le monde sur ses épaules doit faire en sorte d'avoir aussi la force d'Atlas ; car autrement, la foule le traite de pygmée.

« Gambetta dépasse le commun des hommes de plus de la tête. »

V

Prépondéranoe de Gambetta
dans l'organisation de la République

Réélu membre de l'Assemblée Nationale, dès les premières élections complémentaires, en juillet 1871, par les départements de la Seine, du Var et des Bouches-du-Rhône, Gambetta ne tarda pas à s'élever, d'un coup d'aile, très au dessus de la cohue parlementaire de Versailles ; il devint le chef de l'Union républicaine et, comme tel, il fut le protagoniste de l'orientation de la politique intérieure et extérieure de la République.

Intérieurement, Gambetta poursuivit quatre grands buts :

La défense de la République contre les attaques incessantes de ses adversaires ;

La constitution légale de la République qui ne fut, pendant plusieurs années, qu'un état de fait très précaire ;

La formation d'un parti républicain gouvernemental ;

L'éducation politique des masses populaires.

En ce qui concerne le premier de ces objets, Gambetta soutint d'abord résolument Thiers contre la coalition monarchique qui, finalement, le renversa, le 24 mai 1873 ; puis il se mit à la tête de la résistance aux projets de restauration qui suivirent, principalement après le coup d'Etat du 16 mai 1877.

Par son ardeur civique et grâce à l'appui militaire qu'il s'était assuré, si besoin était, chez les généraux Campenon, Clinchant, Gallifet et Lallemand, il déjoua le complot et contraignit le maréchal de Mac-Mahon, en qui les révolutionnaires rétrogrades mettaient leur espoir, à déserter le poste de chef du pouvoir exécutif et de la conjuration.

Au cours de ces luttes passionnées, Gambetta synthétisa les besoins correspondants dans ce cri de ralliement : « Le cléricalisme, voilà l'ennemi ! » (1)

Mais, en parlant ainsi, Gambetta ne faisait nullement acte de sectaire ; il obéissait à des nécessités politiques et diplomatiques impérieuses ; car il s'agissait alors, en Angleterre et en Allemagne, comme en France, de sauvegarder l'indépendance de l'Etat contre l'ultramontanisme, c'est-à-dire contre l'immixtion d'un pouvoir occulte étranger, dont quelques fanatiques prétendaient faire prévaloir les ordres sur les lois de leur nation, et, d'autre part, de rassurer l'Italie contre des craintes de participation au rétablissement du pouvoir temporel du pape.

L'intransigeance était si éloignée de ses manières d'agir qu'antérieurement, persuadé que le plus sûr moyen de garantir la République de toute surprise était de mettre légalement son existence hors de discussion, Gambetta n'avait pas hésité à s'allier avec les néo-républicains de l'Assemblée nationale pour l'insertion dans la loi constitutionnelle d'un article équivalant à la proclamation officielle de cette forme de gouvernement, et pour la création d'une seconde Chambre.

Dans cette circonstance, Gambetta ne révéla pas

---

(1) Discours à la Chambre des Députés, 3 mai 1877.

seulement, une fois de plus, sa perspicacité politique habituelle : il fit preuve d'audace intellectuelle et de courage civique ; car il rompit, dès lors, avec les doctrinaires de son parti, esprits absolus rebelles à l'idée qu'il n'y a pas de réformes à la fois immédiates et radicales et que, suivant la juste remarque de Montesquieu, « la politique est une lime sourde qui use et va lentement à ses fins. »

Gambetta était, au contraire, imbu de ces principes dérivés de l'expérience et à l'occasion même des votes décisifs que je viens de rappeler, il s'efforçait de les faire partager à son ami Gustave Masure, rédacteur en chef du *Progrès du Nord*, en lui disant :

« Permettez-moi de vous exprimer toute ma surprise de vous voir méconnaître la conduite si politique et si efficace de toutes les gauches, notoirement de l'extrême-gauche, dans le débat constitutionnel.

« Persuadez-vous bien que nous ne faisons pas des constitutions : nous sommes en bataille contre les monarchistes de toute nuance ; il s'agit avant tout, par dessus tout, de créer un état légal, exclusif, pour le principe républicain. Il faut aborder les élections futures dans des conditions de moralité, de liberté, qui assureront le triomphe de la démocratie. Enfin, il s'agit de vaincre d'abord ; nous philosopherons ensuite ». (1)

Ailleurs, traitant le même sujet, il disait :

« La constitution fut une œuvre de patriotisme et de conciliation ; elle vaut mieux que les circonstances qui l'ont produite ; elle est le fruit du concours des hommes modérés de tous les partis. »

Malheureusement, ce bienfaisant résultat ne guérit pas certains républicains de ce temps des habitudes

______

(1) Lettre du 3 février 1875, in *Gambetta par Gambetta*, par Gheusi.

anarchiques invétérées qu'ils avaient contractées dans une longue opposition et du prurit révolutionnaire chronique, sous l'empire duquel ils recherchaient les moyens de précipiter l'éclosion des phénomènes sociaux, en vertu de ces préjugés que les principes sont tout, que les hommes ne sont rien, et qu'aucune amélioration n'est possible sans un déblaiement préalable de toutes les institutions léguées par le passé.

Gambetta réagit courageusement contre ces stupides erreurs ; il s'efforça, sans rudesse, mais aussi sans dissimuler qu'une nouvelle ère de difficultés s'ouvrait, d'inciter les démolisseurs d'hier à se transformer en constructeurs et à remplir les devoirs nouveaux que l'avènement du régime de leurs rêves leur imposait.

Mais l'homme politique supérieur, souvent plus méconnu de ceux dont il défend les intérêts que des autres, ne recueille guère que calomnies et ingratitude pendant sa vie et, dans la formation nécessaire d'un parti républicain de gouvernement, Gambetta rencontra ses plus acharnés adversaires parmi ses compagnons d'armes de la veille, incapables de renoncer à leur vieille armure et d'adapter leur mentalité à la tactique nouvelle exigée par la situation.

Eclairé par ces faits, qui ne le surprirent nullement, Gambetta se voua avec une héroïque ardeur, en dehors de la Chambre, à l'éducation politique du parti républicain tout entier ; il consacra la plupart de ses vacances parlementaires à parcourir les diverses régions de la France pour y tenir des réunions publiques et y prononcer des discours programmes retentissants comme des appels aux armes, dans lesquels il exposait magistralement les grands problèmes du jour et la manière dont la sagesse commandait de les aborder et de les résoudre.

Il devint, selon l'expression de Joseph Reinach, « un grand prédicateur laïque ».

Pour mieux remplir cet apostolat politique, il avait, d'ailleurs, dès 1871, fondé, avec des amis éprouvés, le journal *la République Française*, complété bientôt par *la Petite République*.

En politique extérieure, Gambetta ne se laissa jamais distraire de cette pensée cruelle :

« L'Alsace-Lorraine ! Il ne faut plus vivre que pour cela.

« N'en parlons jamais, mais pensons-y toujours. »

Et toute sa diplomatie fut, directement ou non, subordonnée à cette préoccupation capitale, sous l'influence de laquelle il s'employa d'abord à mettre les esprits en garde contre les inconvénients du romantisme politique international.

« La France, disait-il, a l'intention d'être une république vraiment française, c'est à-dire une république chez elle, une république ordonnée, recueillie, pacifique, libérale, ayant renoncé absolument au prosélytisme et au cosmopolytisme, comprenant très bien qu'ailleurs les peuples sont maîtres chez eux et que la politique extérieure d'une république française comporte, exige, impose la nécessité de respecter la constitution des autres peuples, quelle qu'elle soit. » (1).

Néanmoins, il se montra favorable à une politique coloniale, ennemie des aventures, attentive à ne pas « provoquer des contacts irritants, dangereux même, avec d'autres puissances », mais résolue à ne « pas trahir notre histoire », et « à défendre, protéger ce

(1) Discours de Marseille, 6 février 1876.

qui, de tradition immémoriale dans notre pays, a été le but de tous les gouvernements. » (1).

C'est pourquoi, de concert avec l'Angleterre, il prépara la rédaction de la note au Khédive du 7 janvier 1881, où les deux gouvernements français et anglais déclaraient qu'ils étaient « étroitement associés dans la résolution de parer à toutes les causes de complications extérieures ou intérieures qui viendraient à menacer le régime établi en Egypte. »

Mais, en négociant cet accord local, Gambetta poursuivait la réalisation d'un plan beaucoup plus vaste ; il pensait, comme il le disait sincèrement à Lord Lyons, ambassadeur d'Angleterre en France, que « la communauté d'action des deux puissances pourrait être très utile à l'humanité », et, devançant l'histoire, il préconisait leur coopération dans tout le bassin de la Méditerranée.

« Au prix des plus grands sacrifices, ne rompez jamais l'alliance anglaise », s'écriait-il, dans le superbe discours qu'il prononça à la Chambre, le 18 juillet 1882, sur la demande de crédits relative à l'expédition d'Egypte.

Et il ajoutait :

« Ce n'est pas pour humilier, pour abaisser, pour atténuer les intérêts français que je suis partisan de l'alliance anglaise ; c'est parce que je crois qu'on ne peut efficacement les défendre que par cette union, par cette coopération. S'il y a rupture, tout sera perdu. »

L'éminente position conquise ainsi par Gambetta dans toutes les questions de politique nationale et

(1) Discours à la Chambre contre l'abandon de la Tunisie, 1er décembre 1880.

internationale, la maturité de ses conceptions, qui contrastait si nettement avec les lieux communs débités par les pontifes de la démagogie et les législateurs de carrefour, lui valurent finalement une influence prépondérante dans la République. En dépit de l'opposition violente et même de l'envieuse animosité que cette influence souleva, il exerça ce qu'à juste titre on a nommé « la dictature de la persuasion » et s'éleva dans l'estime des meilleurs juges au point que, quand la présidence de la République devint vacante par suite de la démission forcée du maréchal de Mac-Mahon, il fut instamment sollicité de faire acte de candidat à la succession de ce dernier.

Gambetta resta sourd à ces sollicitations, et, après avoir fait élire Jules Grévy, il consentit seulement à le remplacer à la présidence de la Chambre des députés.

C'est du fauteuil de cette présidence, où son influence s'accrût encore, qu'il descendit pour prendre le pouvoir, le 14 novembre 1881.

Poussé à cette décision, bien plus par une sympathie publique impérieuse que par son ambition, il en entrevit immédiatement la gravité ; car, le 17 novembre, il écrivit à son père :

« J'ai été forcé — le mot n'est pas trop fort — de me mettre ce terrible fardeau sur les épaules. Je ferai mon devoir, tout mon devoir jusqu'au bout, et, pourvu que la santé me reste, je compte bien, à force de travail, ne pas demeurer au-dessous de la tâche. Je n'énumère ni les difficultés, ni les périls ; ils sont innombrables. Je me fie à la destinée et à ma passion du bien public. Le reste est à la garde des dieux, s'il y en a. »

Pendant le trop court espace de temps qu'il lui fut permis d'exercer le pouvoir, avec une aussi noble conception des responsabilités qu'il comporte, Gambetta montra, du moins, d'une façon péremptoire, qu'il avait du gouvernement, comme de toutes les choses politiques. une conception très différente de celle des néfastes courtisans de la popularité.

Par exemple, il déclara que « la politique de son ministère serait celle de la France ». Il affranchit le pouvoir exécutif des importunités parlementaires. Appliquant, prématurément peut-être, la règle : « on gouverne avec son parti ; on administre avec des capacités », il eut l'audace d'appeler à collaborer avec lui des anti-républicains d'antan, de Miribel, de Gallifet, Canrobert, J.-J. Weiss. Enfin, il réclama la revision partielle de la Constitution et le rétablissement du scrutin de liste, estimant, comme il l'avait auparavant proclamé, qu'avec le scrutin d'arrondissement, « la Chambre n'est qu'un miroir brisé, dans lequel la France ne trouve que la caricature de son image ».

Bref, Gambetta s'affirma comme un chef et cela parut un scandale.

Mais les oies veillaient sur le Capitole ; elles aperçurent, dans l'ombre, « le danger du pouvoir personnel », « l'imminence de la dictature », le spectre de la guerre et se mirent à pousser des cris d'alarme.

Le plus probe des citoyens fut dénoncé comme « l'ennemi public, dangereux pour l'ordre et la liberté, menaçant pour le Parlement et pour le pays, pour le monde entier ».

Il fut renversé le 26 janvier 1882, et l'âme perverse des démagogues tressaillit de satisfaction.

Quant à lui, toujours magnanime, exempt de découragement et de haine, reprenant son labeur acharné comme président de la commission de l'armée, il contemplait stoïquement les passions déchaînées contre lui et il écrivait à son père, le 19 février 1882 :

« Ici, rien à dire de la politique. C'est une crise de fièvre putride. Je laisse passer. »

Malheureusement, Gambetta survécut peu à cette calamité publique que les positivistes ne furent pas les les derniers à déplorer (1). Mais ses obsèques, qui furent une grande cérémonie religieuse, quoique purement civiles, attestèrent que sa mort, survenue le 31 décembre 1882, mettait en deuil la patrie tout entière.

_____

(1) V. *Revue occidentale* 1882, n° 2 : Adresse de la Société positiviste à Gambetta et Protestation contre le renversement du ministère du 14 novembre 1881, par Pierre Laffitte.

VI

Jugement

Gambetta fut un créateur politique, un homme d'Etat de génie, un conducteur du peuple français.

Le fait est plus manifeste aujourd'hui que pendant sa vie ; car tous les bienfaits de son action sont maintenant mieux appréciables.

La responsabilité des destinées de son pays lui est échue dans des circonstances extraordinairemont complexes et difficiles, où, cependant, des déterminations rapides s'imposaient, et, toujours, en s'inspirant uniquement de l'intérêt public, il a su prendre ces déterminations de telle manière que l'expérience a prouvé qu'elles étaient les meilleures.

Il excellait donc à découvrir soudainement et clairement les conditions et les solutions du problème du jour.

De plus, le génie politique de Gambetta est caractérisé par ce fait qu'il fut à la fois réformateur très audacieux et esprit très organique, idéaliste enthousiaste, militant fougueux et homme d'ordre, pondéré.

Héritier pieux de la Révolution, il s'était dégagé de sa métaphysique et il s'efforça d'en dégager les autres.

« On sent, disait-il, que la démocratie actuelle est sortie du sentimentalisme un peu vague qui fut le caractère dominant de nos devanciers ; on sent qu'il y a là quelque chose de plus positif, de plus pratique et — passez-moi une expression qu'on critique quelquefois, mais qui seule peut rendre ma pensée — de plus scientifique. » (1).

Ardemment républicain, il n'était nullement doctrinaire. Il subordonnait le subjectif à l'objectif. Il abordait les questions avec méthode, en les sériant suivant la règle cartésienne, à mesure que leur maturité et leur opportunité se montraient. Il a donné à la politique républicaine une orientation sage et positive.

« Je ne suis pas un homme de théorie, disait-il, je suis un homme de pratique, voué à la défense des idées démocratiques ; je n'ai qu'une passion, celle de réaliser tous les jours un progrès dans les lois et les institutions de mon pays. » (2).

Il avait compris toute la profondeur de la loi générale de l'évolution formulée par Auguste Comte en ces termes : *le progrès n'est que le développement de l'ordre ;* il se l'était appropriée et il en avait explicitement démontré l'importance dans cette séance fameuse de la Sorbonne (3), où il salua Auguste Comte comme le plus grand penseur du XIXᵉ siècle.

Mais ce qui atteste le mieux, peut-être, le génie politique de Gambetta, c'est que son action fut surtout une action persuasive, une action de penseur ; son influence sur les destinées politiques de la France fut considérable et décisive, sans qu'il ait effectivement eu le pouvoir en mains plus de quatre mois et demi en 1870-1871, et de deux mois et demi en 1881-1882.

En outre, cette action régénératrice de Gambetta s'exerça surtout par la parole.

Merveilleux orateur, il réunissait, au dire des audi-

<hr>

(1) Discours de Marseille : 26 septembre 1872.

(2) Discours de Bordeaux : 13 février 1876.

(3) 12 décembre 1880, à l'occasion du cinquantenaire de l'association polytechnique.

teurs de ses discours mémorables, les qualités de Mirabeau, de Danton et de Vergniaud.

Mais l'autorité de sa parole résultait surtout, comme
il arrive le plus généralement, de la sagesse de ses
idées, de la force de ses arguments, de l'ardeur et de
la sincérité de ses sentiments civiques.

Il était « animé, comme il le disait lui-même, par le
génie de la liberté »; mais, bien équilibré, il joignait
au plus généreux enthousiasme le plus clair bon sens.

Son éloquence n'était pas une éloquence littéraire,
déclamatoire et purement musicale. C'était une éloquence d'homme d'Etat, toute pratique, et on a dit,
avec raison, que chacun de ses grands discours fut un
acte politique.

Le Positivisme a plus d'une raison de s'enorgueillir
de n'être pas resté étranger à la pensée de Gambetta.

Outre le fait significatif ci-dessus cité, il peut invo-
quer le témoignage de l'un de ses adeptes, André
Lavertujon, qui déclare qu'il s'en est plusieurs fois
entretenu avec lui, et Challemel-Lacour, dès 1867, lors
d'une cure que Gambetta fit à Ems, et à qui Gambetta,
convalescent à Montreux, en 1869, demanda de lui
envoyer *la Revue positive* que Littré publiait alors.

La lecture de cette revue, jointe aux conversations
de ses amis, éveilla chez Gambetta une telle estime
pour la philosophie positive, qu'en sa qualité de
ministre de la guerre il chargea Littré, au début de
1871, d'enseigner l'histoire à l'école Polytechnique, et
que, le 20 juin de la même année, dans le discours où
il exposa son programme politique à l'assemblée de
Bordeaux, il disait :

« Il faut résolument savoir et résolument pratiquer
que ce sont les vérités supérieures de la science et de
la raison qui saisissent le mieux les jeunes intelli-

gences, et c'est pour cela qu'un des grands penseurs de ce siècle, Auguste Comte, faisait commencer l'instruction par les sciences exactes. »

Il ne faisait donc pas une affirmation de convenance lorsque, dans le toast qu'il porta à Littré, au banquet qui fut offert à ce dernier pour l'achèvement de son dictionnaire, en avril 1873, il disait :

— « Ce n'est pas d'aujourd'hui que j'ai reçu l'initiation à cette sévère et sûre méthode dont on vient de rappeler les titres et les services. »

Si besoin était, il serait facile, en outre, de retrouver, dans un grand nombre de ses discours, non seulement l'application mais l'éloge de la méthode positive dont il comprenait à ce point l'importance qu'en remerciant Pierre Laffitte de sa protestation contre le renversement de son ministère, il lui écrivait, le 30 janvier 1882, « qu'il poursuivait, comme lui, la haute civilisation parmi les hommes, au sein de l'ordre et du progrès. »

Mais nous pouvons nettement affirmer la sympathie de Gambetta pour le Positivisme sans recourir à ces recherches minutieuses ; car Eugène Spuller, le plus familier de ses confidents et le plus intime de ses amis, a fait connaître à Pierre Laffitte qu'il avait lu soigneusement *la Philosophie positive*, *le Catéchisme positiviste* et *l'Appel aux Conservateurs*, d'Auguste Comte ; il lui a révélé qu'il appréciait particulièrement ce dernier ouvrage et il a écrit au Dr Robinet : (1)

« Plus nous allions en avant dans nos conversations, dans nos études communes, dans cette collaboration morale et intellectuelle qui restera l'honneur et la consolation de ma vie, plus il devenait évident pour

____

(1) 1er avril 1883. Lettre publiée dans la *Revue positiviste internationale* du 15 novembre 1907.

moi que ce ferme et généreux esprit se rattachait, par des liens de plus en plus étroits,.à la doctrine géné rale de la philosophie positive. Nous nous en sommes fréquemment entretenus ensemble, surtout à la veille des jours où il devait porter sa puissante parole devant quelque grand auditoire populaire. Il lisait aussi fort assidûment la *Revue occidentale* et il reconnaissait sans difficulté les travaux et articles qui semblaient écrits pour lui. Il est donc juste de dire que la philosophie et la politique positives ont perdu en lui l'homme d'Etat qui, jusqu'à présent, s'est le plus directement inspiré, à travers les tâtonnements d'un empirisme, longtemps encore inévitable, des principes nettement établis et des vues supérieures de la vraie sociologie. Mais c'est là, je le crois du moins, tout ce que l'on peut dire. »

Gambetta fut donc positiviste autant qu'un homme d'Etat peut l'être. C'est incontestable ; mais son cœur, autant que son génie, éclairé par notre doctrine, fut surtout la source véritable de ses grandes inspirations.

Gambetta était, en effet, animé par un sentiment social, surtout national, très vigoureux et très actif.

— « Je ne mets rien au-dessus de ce beau titre : patriote avant tout ! » Telle était sa devise.

Son patriotisme n'était pas circonscrit par le présent ; il disait :

— « Quant à moi, je me sens l'esprit assez libre pour être à la fois le dévôt de Jeanne la Lorraine, l'admirateur et le disciple de Voltaire. »

Et il exclut de la rédaction de la *République Française* un auteur qui avait insulté Jeanne d'Arc.

Il abandonna le pouvoir avec la plus grande dignité, à Bordeaux et en 1882 ; il ne se montra jamais impatient de le conquérir ; il ne rechercha jamais, dans son exercice, aucune satisfaction personnelle.

Ses sentiments intimes correspondaient à son civisme.

Jamais, où qu'il fût, quelque situation qu'il occupât, quelques graves préoccupations qu'il eût, il ne négligea de présenter ses vœux de nouvel an à son père, à sa mère, et de former des souhaits de bonheur et de santé pour son père, le jour de son anniversaire, souvent dans les termes les plus tendres et les plus émouvants. Sa piété filiale croissait même avec l'âge et avec les amertumes dont la vie l'abreuvait. (1)

Il disait : « Le cœur de ma mère est le livre que j'ai le mieux lu et le plus fidèlement retenu. »

La résistance invincible que son père opposa plus tard à son inhumation à Paris eut surtout pour cause le vœu que Gambetta lui-même lui avait exprimé de reposer à ses côtés, à Nice, dans le tombeau familial où il avait déposé sa mère.

Gambetta se distinguait, en effet, par une grande délicatesse de sentiments ; il avait une bonté rare, un désintéressement sans défaillance, une générosité voisine de la prodigalité.

Il écrivait à ses parents :

« Je n'ai jamais su compter et j'ai beaucoup sacrifié aux exigences, aux mille contributions de ma vie publique ; j'en ai toujours été récompensé par l'ingratitude et la trahison. »

Il mourut sans fortune, sans avoir achevé de payer sa maison mortuaire qui atteste éloquemment, devant la postérité, la simplicité et la probité de sa vie.

Cette simplicité était si naturelle qu'il a « toujours redouté de passer pour un vaniteux ».

(1) V., par exemple, sa dernière lettre à son père, pour son anniversaire : 17 mars 1882.

Il était, en outre, dépourvu d'orgueil.

On pourrait plutôt lui reprocher, comme à Danton, d'avoir eu trop de magnanimité et de n'avoir pas eu, pour le pouvoir, une passion suffisante. C'est une qualité en morale ; c'est parfois une faiblesse en politique.

Les mêmes sentiments lui inspiraient un mépris souverain des calomnies, bien exprimé dans une lettre à son père, en date du 6 juillet 1882, où il dit :

« ..... Je ne regrette rien, n'ayant jamais agi que dans l'intérêt supérieur de mon parti : le jour de la justice viendra tôt ou tard. S'il ne se lève qu'après ma mort, je n'en aurai nulle rancune ; j'ai confiance dans l'histoire. Quand c'est d'elle seule qu'on attend le jugement suprême, les diffamations, les calomnies passent sans vous effleurer ; et puis, il y a pour la conscience d'un honnête homme un si haut plaisir dans le mépris des hommes que cela suffit pour tout supporter sans faiblir, pourvu que le but soit atteint. »

En revanche, son amitié était inaltérable et le culte pieux dont ses amis entourent sa mémoire prouve l'attachement profond qu'il suscitait.

Enfin, Gambetta n'eut pas seulement la noblesse du cœur et le génie de la conception ; il eut aussi l'énergie de l'exécution.

Dès 1869, il écrivait à André Lavertujon :

« Un homme d'action, en politique, ne mérite ce nom que lorsqu'il trouve et fait prendre une décision à l'instant même où le conflit se produit. En dehors de cette règle de conduite, tout est puéril. » (1).

Aussi son activité fut-elle prodigieuse, dans les luttes parlementaires et dans la tâche qu'il s'était donnée d'éclairer le pays sur ses intérêts et sur ses devoirs, autant que pendant la défense nationale.

(1) *Gambetta inconnu :* p. 81.

Donc, Gambetta était doué d'une intelligence, d'une moralité, d'une énergie, également éminentes ; il a prodigalement mis toutes ces qualités maîtresses au service du bien public, au service de la France d'abord, au service de la République ensuite.

L'histoire l'a, depuis longtemps, reconnu ; elle a, depuis longtemps, purifié la renommée de ce grand homme de toutes les souillures que la calomnie a tenté de lui infliger ; elle l'a mis et le maintiendra au rang des grands politiques, et surtout au rang des plus nobles héros de notre indépendance nationale.

Nous pouvons aujourd'hui, à cet égard, d'autant mieux l'apprécier que nul homme de sa taille n'a surgi pour nous guider et nous raffermir dans les terribles épreuves que nous supportons avec une résolution inébranlable à laquelle le souvenir et l'exemple du patriotisme intrépide de Gambetta ne sont pas étrangers.

TABLE DES MATIÈRES

Riom (Puy-de-Dôme). — Imprimerie F. Fonfraid.

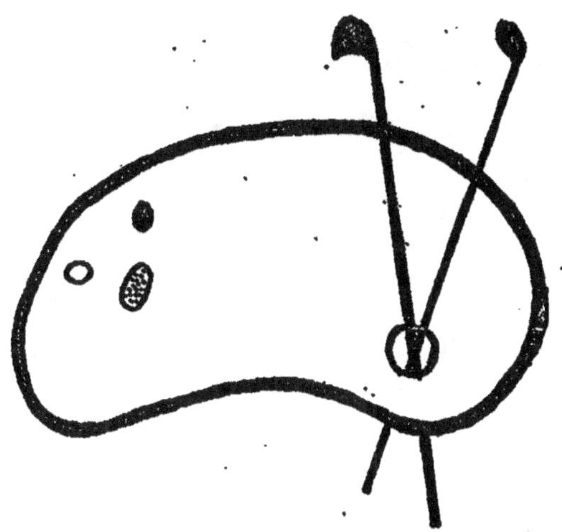

ORIGINAL EN COULEUR

NF Z 43-120-8

OUVRAGES POSITIVISTES

du même Auteur

PRIX

Appréciation générale du Positivisme...............	0 fr. 60
La Philosophie positive.....................	0 fr. 60
Les Devoirs naturels de l'homme.................	0 fr. 60
La Morale sociale	0 fr. 60
La Morale primitive	0 fr. 60
La Morale politique	1 fr. »»
L'Unification du genre humain......	1 fr. 50
Le Mariage.........................	0 fr. 75
La Paternité.......................	0 fr. 75
Le Sentiment filial..................	0 fr. 30
La Fraternité......................	0 fr. 30
La Domesticité....................	0 fr. 30
La Patrie.........................	1 fr. »»
Hommage aux Héros de la Défense nationale.......	0 fr. 50
L'Humanité	1 fr. »»
Le Rôle civilisateur du Sentiment.............	0 fr. 50
Le Rôle social des Morts..................	0 fr. 75
Le Culte public de l'Humanité..............	0 fr. 25
Le Culte des Héros....................	0 fr. 75
Le Rôle social des Animaux	0 fr. 30
La Fête du Feu.......................	1 fr. »»
La Troisième République.................	0 fr. 75
Lamarck et son Œuvre.................	0 fr. 75
Le développement de la Solidarité pendant la guerre	1 fr. 50
La Maladie occidentale	1 fr. »»

En vente au siège de la Société Positiviste
Rue de Seine, 54, Paris